1, rond-point du Général-Eisenhower, 31101 Toulouse Cedex 9, France
editionsmilan.com

Dépôt légal : mars 2021 • ISBN : 978-2-4080-2702-5
Achevé d'imprimer au 1er trimestre 2021 en Bulgarie par Pulsio
Ce livre a été imprimé sur du papier issu de forêts gérées durablement.
Plus d'informations sur la fabrication de nos livres :
editionsmilan.com/comment-fabriquons-nous-nos-livres

FSC
www.fsc.org
MIX
Paper from responsible sources
FSC® C128169

Tu vides tes étagères et connais déjà ce livre par cœur? Donne-le!

Une histoire de Claire Clément,
illustrée par Karine Bernadou

Rebelle
au bois charmant

MILAN

Dans un très beau pays vit une très belle jeune fille.
Elle s’appelle *Rebelle*, et elle est si jolie que tous les jeunes gens du pays rêvent de se marier avec elle.

Chaque jour, l'un d'eux frappe à sa porte.
« Toc toc toc ! »
Chaque fois, elle demande :
« Qui est là ? »
Et chaque fois elle entend :
« Je suis celui qui vous aime et veut vous épouser. »

Un beau jour, Rebelle en a assez.
Elle ne veut pas se marier, parce qu'elle aime bien vivre seule.
Elle se lève quand elle veut, elle mange de la confiture avec des œufs, elle élève des chats, des chiens et des grenouilles. Elle se baigne tout habillée dans le ruisseau, met ses coudes sur la table, ses doigts dans le nez, et crie « Purée de pétard de potiron qui pue ! » quand elle est énervée.

Non, Rebelle ne veut pas se marier, parce que comme ça elle peut faire ce qui lui plaît, et personne ne va l'en empêcher !

Alors elle a une idée.
Elle monte dans son grenier et trouve dans une malle un gros nez de sorcière. Elle le met dans sa poche et va se coucher.

Le lendemain, on frappe à sa porte.
« Toc toc toc ! »
Rebelle demande :
« Qui est là ? »
Elle entend :
« Je suis celui qui vous aime et veut vous épouser. »
Alors Rebelle met son gros nez de sorcière
et elle dit d'une voix toute douce :
« Entrez, entrez donc ! »

Le jeune homme entre, tout content.
Puis il regarde Rebelle. Et là il fait une drôle de tête…
« Oh lala, pense-t-il, je ne savais pas, moi,
qu'elle avait un gros nez comme ça… »
Il n'a plus très envie de l'épouser. Il se dandine,
mal à l'aise, et finit par bredouiller :
« Vous savez, aujourd'hui je suis un peu pressé.
Mais la prochaine fois je… on… »
Il recule, recule… et s'enfuit à toute vitesse.

Rebelle saute de joie.
« Youpi ! Bon débarras ! Falbalas et poils de rat,
je suis tranquille pour la vie ! »
Et elle bondit et rebondit sur son lit avec ses chats,
ses chiens et ses grenouilles.

welcome !

Mais, le lendemain, on frappe encore à sa porte.
« Toc toc toc ! »
Elle demande :
« Qui est là ? »
Et elle entend :
« Je suis celui qui vous aime et veut vous épouser. »
Alors, ni une ni deux, Rebelle se précipite vers le miroir, prend une poudre verte, et elle se frotte le visage avec.
Puis elle dit d'une voix toute douce :
« Entrez, entrez donc ! »

Le jeune homme entre, tout content.
Il regarde Rebelle… Houla, il fait une drôle de tête…
« Oh lala, pense-t-il, je ne savais pas, moi, qu'elle avait une peau verte comme ça ! »
Il n'a plus très envie de l'épouser. Alors il balbutie :
« Heu… enfin… vous savez, je ne faisais que passer.
Je… on… Au revoir ! »
Il recule, recule… et s'enfuit à toute vitesse.

Rebelle saute de joie.
« Youpi ! Bon débarras ! Falbalas et poils de rat, je suis tranquille pour la vie ! »
Et elle bondit et rebondit sur son lit avec ses chats, ses chiens et ses grenouilles.

Mais, le lendemain, on frappe encore à sa porte.
« Toc toc toc ! »
Rebelle en a plus qu'assez.
« Purée de pétard de potiron qui pue ! », marmonne-t-elle.
Alors elle étale de la confiture sur ses cheveux,
pour qu'ils soient bien poisseux. Elle remet de la poudre
verte sur son visage, et son gros nez de sorcière.
Puis elle ouvre la porte en grand.

Le jeune homme n'en croit pas ses yeux.
Il pousse un cri et se met à bégayer :
« Je… je crois… bien… que je me… suis… trompé ! »
Il recule, recule… et s'enfuit à toute vitesse.

Rebelle saute de joie.
« Youpi ! Bon débarras ! Falbalas et poils de rat,
je suis tranquille pour la vie ! »

Depuis ce jour-là, Rebelle est tranquille.
Plus personne ne vient frapper à sa porte.

Les années passent.

Un matin, dans sa cuisine, Rebelle regarde par la fenêtre la pluie qui tombe. C'est une journée triste et grise.
Elle se sent soudain bien seule…
« Je m'ennuie, oh lala, comme je m'ennuie ! »
Elle réfléchit, puis se dit :
« Finalement, j'aimerais bien un petit mari… »

Alors elle cherche dans le pays un jeune homme à épouser.
Mais voilà : les jeunes gens sont déjà tous mariés !
Il en reste juste un, lui dit-on, dans le pays d'à côté.
Il vit tout seul au carrefour des Trois-Chênes.
Rebelle enfile sa jolie robe, peigne ses longs cheveux,
pose sur sa tête un petit chapeau très mignon,
et elle se rend dans le pays d'à côté.

Elle frappe à la porte.
« Toc toc toc ! »
Elle entend :
« Qui est là ? »
Elle répond :
« Je cherche un jeune homme charmant pour peut-être me marier. »
À travers la porte, une voix toute douce dit :
« Entrez, entrez donc ! »

Rebelle entre, toute contente.
Et que voit-elle ? Un gros nez, une peau verte
et des cheveux… pouah, des cheveux tout poisseux !
Elle fait une drôle de tête, lève le menton, et déclare :
« Excusez-moi, mais vous ne me plaisez pas ! Au revoir ! »
Et elle s'en va.

Le jeune Gaston est bien attrapé !
Parce qu'en voyant Rebelle il a senti son cœur battre comme… comme… comme quand on est amoureux !
Il s'est fait laid parce que, jusqu'à maintenant, il ne voulait pas se marier. Il aime bien vivre seul. Il se lève quand il veut.
Il pêche, et met ses poissons vivants dans son étang, il dort avec son cheval dans l'écurie, et dit « Sac à pipi ! » quand il est énervé. Le soir, il met les pieds sur la table et il chante à pleins poumons des chansons du pays.
Non, Gaston ne voulait pas se marier, mais il a vu Rebelle et il change d'idée. Elle est tellement belle…

Vite, il enlève son gros nez, plonge sa tête dans une bassine d'eau et se nettoie le visage et les cheveux.
Puis il court après Rebelle :
« Mademoiselle, mademoiselle… attendez ! »
Rebelle se retourne, et là… houla… son cœur se met à battre comme… comme… comme quand on est amoureux !
Le jeune homme avoue :
« C'est vrai, je ne voulais pas me marier, parce que j'aime bien vivre seul et faire ce que je veux. Mais voilà : je vous aime. Laissez-moi pêcher mes poissons et chanter mes chansons, et sur l'heure je vous épouse ! »

Rebelle a bien envie de dire oui tout de suite,
mais d'abord elle répond :
« Dans ce cas, je mettrai mes grenouilles avec vos poissons
et je mangerai tant que je veux de la confiture avec des œufs ! »
Gaston fait la grimace :
« De la confiture avec des œufs ? Pouah, c'est dégoûtant ! »
Rebelle croise les bras et se rebiffe :
« C'est comme ça ! J'aime aussi me baigner tout habillée
dans le ruisseau et mettre mes coudes sur la table ! »

Z Z
Z

Tout contents de s'être mis d'accord et pour célébrer cette rencontre extraordinaire, ils donnent la fête la plus folle et la plus gigantesque que l'on ait jamais vue.

Depuis, ils ont déménagé et se sont installés
dans une petite maison, tout près de chez vous.
Si vous passez devant, jetez un coup d'œil (exceptionnellement,
car ce n'est pas poli d'espionner les voisins) et vous verrez
Rebelle : après s'être baignée dans le ruisseau tout habillée,
elle écoute, les coudes sur la table, son Gaston qui chante
à pleins poumons des chansons du pays.
Tout près de chez vous, oui oui !

Dès 3 ans

- C'est pas moi, c'est mon loup !
- De la petite taupe qui voulait savoir qui lui avait fait sur la tête
- Extra-doux
- Le dindon de la farce
- Je veux qu'on m'aime
- Le mouton farceur
- Pourquoi ? Parce que je t'aime
- La semaine des bêtises
- La soupe au caillou
- Le voleur d'anniversaire

Dès 5 ans

- Cardamome la sorcière
- Dédale et Icare
- Jason et la Toison d'or
- Le jeune loup qui n'avait pas de nom
- Jinko le dinosaure
- Kirikou et le buffle aux cornes d'or
- Kirikou et le collier de la discorde
- Kirikou et la girafe
- Kirikou et la hyène noire
- Kirikou et les ombres
- Le Petit Chaperon qui n'était pas rouge
- Le renard et la chasse aux œufs
- Thésée et le Minotaure
- Ulysse et le cheval de Troie
- Ulysse et le Cyclope

Noël

- Joyeux Noël, Petit Hérisson !
- La longue marche des doudous
- Le mystère Ferdinand
- Le Noël du hérisson
- Le nounours de Noël
- L'ourson de Noël
- La petite souris, le père Noël et le lapin de Pâques
- Le premier grand voyage du père Noël
- Quel est le secret du père Noël ?
- Le traîneau de Petit Hérisson
- Un câlin pour le bonhomme de neige